Los huracanes

William B. Rice

Los huracanes

Asesor en ciencias

Scot Oschman, Ph.D.

Créditos

Dona Herweck Rice, *Gerente de redacción*; Lee Aucoin, *Directora creativa*; Timothy J. Bradley, *Responsable de ilustraciones*; Conni Medina, M.A.Ed., *Directora editorial*; James Anderson, Katie Das, Torrey Maloof, *Editores asociados*; Rachelle Cracchiolo, M.S.Ed., *Editora comercial*

Teacher Created Materials

5301 Oceanus Drive

Huntington Beach, CA 92649-1030

http://www.tcmpub.com

ISBN 978-1-4333-2156-6

Printed in China

Nordica.052019.CA21900471

Tabla de contenido

El primer huracán

Una leyenda antiquísima maya cuenta sobre un poderoso dios del **clima.** Este dios regía los vientos y las tormentas. Para crear la Tierra, entonó sin parar "¡Tierra, Tierra, Tierra!", hasta que el mundo emergió del mar.

Pero la historia no termina ahí. Los pobladores de la Tierra no hacían todo lo que los dioses les decían que hicieran, por lo que los dioses se enojaron. El poderoso dios de las tormentas desencadenó vientos y lluvias como nunca antes se habían visto, y la tormenta terrible mató a todas las personas.

En la actualidad, damos a las tormentas como ésa el nombre del feroz dios, Huracán.

Ésta es una representación del dios Huracán en una antigua vasija maya.

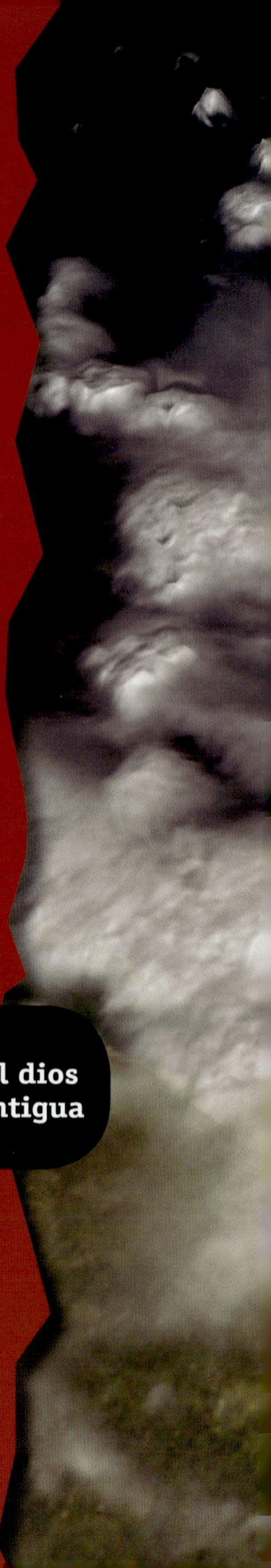

El huracán Iris golpea Belice en 2002.

¿Qué es el clima?

El clima está compuesto por estos cuatro elementos:

viento: aire en movimiento

visibilidad: cuán lejos puede verse un objeto en el horizonte con los ojos

precipitación: agua en el aire, en la forma de lluvia, nieve o granizo

temperatura: cuán caliente o frío está el aire

¿Qué es un huracán?

Un huracán es un gran temporal que se forma con vientos fortísimos que se inician en el océano. Los huracanes son violentos y pueden causar mucho daño en áreas grandes.

Para saber cómo se compone un huracán, primero debes saber algo sobre el viento. Es la fuerza del sol la que crea el viento. El sol calienta la Tierra, pero no la calienta en todas partes por igual. Algunas partes se calientan más que otras. Las partes más cálidas de la superficie de la Tierra calientan más el aire sobre ellas. A medida que el aire caliente se eleva, aire más frío se desplaza rápidamente para ocupar su lugar. El viento es este aire que se mueve con rapidez.

A medida que se eleva, el aire se enfría. A medida que se enfría, se baja. El ciclo del movimiento del aire continúa con aire caliente que sube y aire frío que se desplaza rápidamente debajo. Cuanto más rápido sucede esto, mayor es el viento.

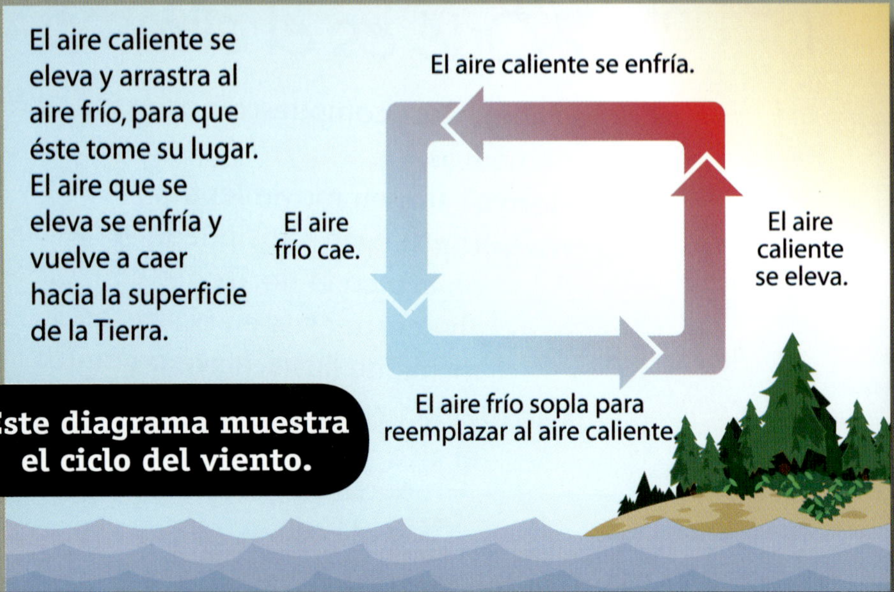

Este diagrama muestra el ciclo del viento.

El viento puede ser suave como esta brisa que mueve los banderines de oración en Nepal. Pero en su expresión más poderosa, forma huracanes.

Cómo se forma un huracán

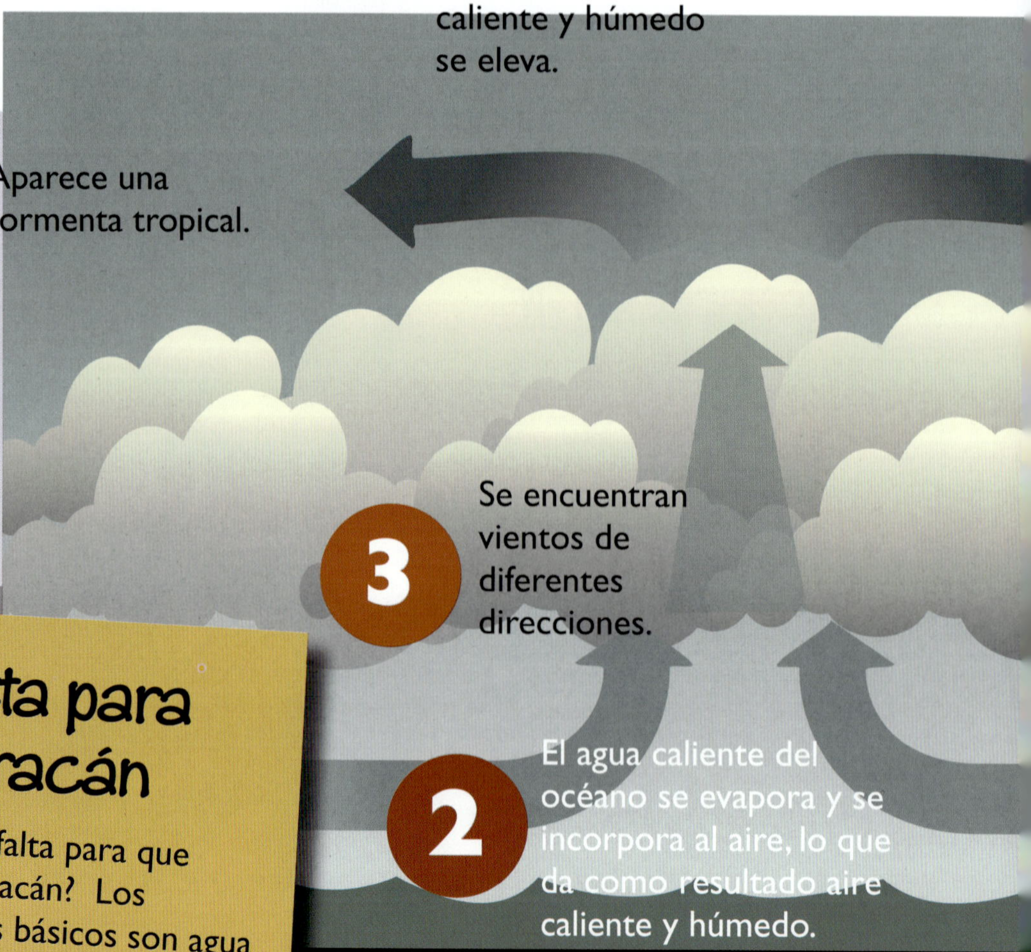

1 Aparece una tormenta tropical.

2 El agua caliente del océano se evapora y se incorpora al aire, lo que da como resultado aire caliente y húmedo.

3 Se encuentran vientos de diferentes direcciones.

4 Los vientos soplan hacia afuera, por encima de la tormenta. El aire caliente y húmedo se eleva.

Receta para un huracán

¿Qué hace falta para que haya un huracán? Los ingredientes básicos son agua caliente, aire húmedo y el encuentro de vientos fuertes provenientes de distintas direcciones.

5

Los vientos que se encuentran afuera de la tormenta la empujan. Desplazan la tormenta y la ayudan a crecer.

Los huracanes se forman en los **trópicos** de los océanos. Los trópicos son las zonas cálidas que se encuentran cerca del **Ecuador** terrestre. Los huracanes comienzan como ondas tropicales. Éstas pueden crecer hasta convertirse en depresiones tropicales primero, tormentas tropicales después y finalmente huracanes. Comienzan en áreas en las que el agua del océano se encuentra a, por lo menos, 27ºC (80ºF). De allí sacan su calor y energía.

La tormenta tropical se desplaza sobre un área de aire cálido y húmedo ascendente. El agua caliente del océano se **evapora**, se eleva y expande. Esto genera fuertes vientos. La **rotación** de la Tierra hace que los vientos giren. Éste es el comienzo de un huracán.

Las partes más claras en el mapa muestran la zona intertropical de la Tierra.

En un huracán, los vientos giran alrededor de un centro llamado el **ojo**. El ojo se encuentra en calma. Allí, el aire está limpio y el viento es suave. Eso se debe a que el movimiento giratorio impide que los vientos que ingresan del exterior a toda velocidad entren en el ojo. Imagina una atracción en un parque de diversiones en la que estás de pie, apoyado contra la pared de un tubo enorme y ancho. La atracción gira a toda velocidad y te aplastas contra la pared del tubo con tal fuerza que apenas puedes levantar un brazo o mover la cabeza. Eso es lo mismo que sucede con esta tormenta giratoria; empuja los vientos hacia afuera de manera que no puedan abalanzarse hacia el centro.

Cuando pasa un huracán, de pronto todo se vuelve calmo. Tal vez pienses que el temporal ya terminó, pero en realidad se trata sólo del ojo. Aún falta que pase la otra mitad del huracán.

¿Cuán grande, cuán rápido y cuán largo?

Para convertirse en un huracán, los vientos deben moverse a por lo menos 119 kilómetros (74 millas) por hora. Un huracán puede durar más de una semana y puede medir cientos de kilómetros. La mayoría de los huracanes tienen 500 kilómetros (310 millas) de ancho. Se desplazan entre 16 y 32 kilómetros (10–20 millas) por hora sobre el océano. Cuando llegan a la tierra, comienzan a perder fuerza.

¡Para verte mejor, querida!

¡El ojo de un huracán es enorme! Puede tener entre 32 y 64 kilómetros (entre 20 y 40 millas) de largo.

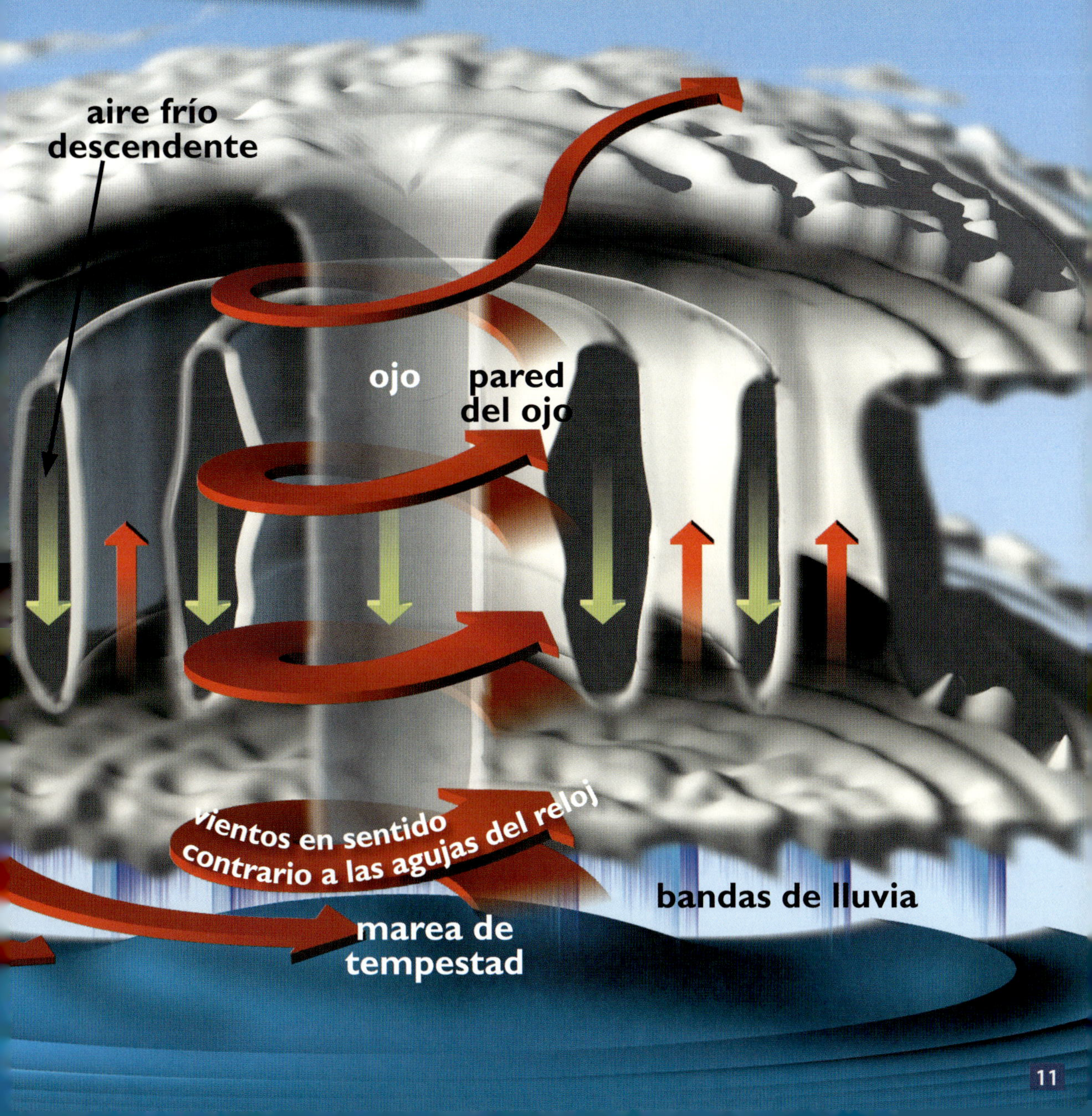

bandas de lluvia de un huracán

Junto al ojo se encuentran los vientos más fuertes del huracán. Esto recibe el nombre de **pared del ojo.** Los vientos de la pared del ojo giran violentamente. Dentro de la pared del ojo puede haber tormentas eléctricas y tornados.

Las bandas de lluvia se mueven en dirección contraria al ojo. Están más lejos de éste que la pared del ojo. Se mueven en círculo a través de la tormenta y aportan lluvia a la tormenta en la forma de bandas de nubes. En las bandas de lluvia externas también puede haber tormentas eléctricas y tornados.

Vueltas y más vueltas

En un huracán, los vientos al norte del Ecuador giran en el sentido contrario a las agujas del reloj. Al sur del Ecuador, los vientos giran en sentido horario. Esto se debe al efecto Coriolis. El efecto Coriolis es un fenómeno natural que hace que el aire se curve hacia la derecha al norte del Ecuador y hacia la izquierda al sur del Ecuador. El efecto Coriolis es menor cerca del Ecuador. Por esa razón, allí no se forman huracanes.

Temporada de huracanes

Los huracanes suceden durante el verano y el otoño. En el océano Atlántico, la temporada de huracanes va del 1 de junio al 30 de noviembre. En el océano Pacífico oriental, va del 15 de mayo al 30 de noviembre. La mayoría de los huracanes tiene lugar en el otoño.

Vientos y etapas de desarrollo de los huracanes

Los huracanes comienzan como vientos leves que son tan calmos que apenas si se hacen notar. Luego, a medida que reúnen fuerza sobre las aguas cálidas del océano, se vuelven feroces y destructivos. Para entender los vientos, un científico creó esta escala en 1805. La misma es una clasificación de la fuerza del viento, su velocidad, clase y efectos.

fuerza = 4

fuerza = 8

Fuerza	Velocidad en nudos
0	menos de 1
1	1–3
2	4–6
3	7–10
4	11–16
5	17–21
6	22–27
7	28–33
8	34–40
9	41–47
10	48–55
11	56–63
12	más de 64

Escala de viento Beaufort

Clase	Efectos en el agua	Efectos en la tierra
calma	superficie del agua calma	el humo se eleva de manera vertical
ventolina	pequeñas ondulaciones, sin espuma	el humo indica la posición del viento; las veletas permanecen inmóviles
brisa muy débil	olitas pequeñas	se siente el viento en el rostro; las hojas crujen; las veletas comienzan a moverse
brisa débil	olitas medianas	hojas y ramitas se mueven; flamean las banderas livianas
brisa moderada	olas pequeñas; numerosas cabrillas	el viento levanta polvo, papeles y hojas; se mueven las ramas más pequeñas de los árboles
brisa fresca	olas moderadas; numerosas cabrillas; algunas salpicaduras	los árboles pequeños comienzan a mecerse
viento fresco	olas más grandes; cabrilleo; más salpicaduras	se mueven las ramas más grandes de los árboles
viento fuerte	el mar crece; olas muy grandes	los árboles se mueven enteros; se siente resistencia al caminar contra el viento
viento duro	olas altas y más largas; franjas de espuma	se rompen ramitas de los árboles; los coches en movimiento experimentan ligeros empujones
viento muy duro	olas altas; mar agitado; franjas de espuma; las salpicaduras disminuyen la visibilidad	daño leve a las construcciones; se vuelan las tejas de los techos
temporal	olas muy altas; mar blanco por la espuma; mar muy agitado; visibilidad reducida	no es común en los continentes; los árboles se rompen o se arrancan de raíz; gran daño a las construcciones
borrasca	olas muy altas; los parches de espuma cubren el mar; visibilidad más reducida	no sucede en los continentes
huracán	aire lleno de espuma; olas altas como edificios; mar blanco por las salpicaduras; visibilidad muy baja	no sucede en los continentes

Si se dan las condiciones adecuadas y el viento se incrementa, el huracán también lo hace. Los huracanes pasan por etapas.

Un huracán puede comenzar como una onda tropical. Los vientos aquí son menores a los 20 **nudos**. No hay **circulación cerrada.** La circulación cerrada tiene lugar cuando el viento sopla en torno a un centro de baja presión (la presión se debe al peso de la atmósfera). La onda tropical puede crecer o desaparecer.

onda tropical

Si crece, se convierte en una depresión tropical. Se forman tormentas eléctricas y los vientos se mantienen por debajo de los 34 nudos. En este punto se presenta una circulación cerrada.

depresión tropical

Una tormenta tropical se forma cuando una tormenta eléctrica se desplaza sobre la circulación cerrada. El viento alcanza un mínimo de 35 nudos. Esta tormenta puede causar algunos daños. La mayor parte de esos daños se debe a las fuertes lluvias.

tormenta tropical

Un huracán se forma cuando la circulación cerrada se convierte en un ojo. Alrededor del ojo rotan vientos de al menos 65 nudos. El viento y la lluvia ocasionan daños. ¡La tormenta puede durar entre dos y tres semanas!

Otros nombres para los huracanes

Depende de dónde te encuentres, a los huracanes se les llama de distintas maneras. En el océano Atlántico, el océano Pacífico oriental y el Golfo de México, son huracanes. En el océano Pacífico occidental, se les llama tifones. En el océano Índico y el Golfo de Bengala se les llama ciclones. En Australia reciben el nombre de ciclones o *willy-willies*.

huracán

Los huracanes no son todos iguales. Cada uno tiene una fuerza diferente. Pueden ganar fuerza y crecer, o perderla y terminarse. La fuerza de los huracanes se mide de acuerdo con una escala especial: la escala de huracanes Saffir-Simpson.

Dos científicos crearon esta escala en 1969, con la intención de darles a las personas una idea del poder de cada huracán. Un huracán de categoría 1 es el que causa menos daño. Un huracán de categoría 5 destruye grandes extensiones de tierra y propiedades. También puede causar muchas muertes.

Escala de huracanes Saffir-Simpson

Categoría	Velocidad del viento	Daños
1	119–153 km/h (74–95 mph)	mínimos
2	154–177 km/h (96–110 mph)	moderados
3	178–209 km/h (111–130 mph)	extensos
4	210–250 km/h (131–155 mph)	extremos
5	251 km/h (156 mph) o mayor	catastróficos

Llamemos a los huracanes por sus nombres

En el océano Atlántico, a los huracanes se les dan nombres de personas. Existen seis listas, cada una con veintiún nombres. Todos los años se usa una lista diferente. En la lista de nombres, que va de la A a la W, se alternan nombres femeninos y masculinos. Las letras Q y U se omiten. Si en un año se usan los veintiún nombres, se utiliza el alfabeto griego para nombrar a los huracanes restantes. Si un huracán causa mucho daño, su nombre no vuelve a utilizarse. Éstos son los nombres para el año 2009: Ana, Bill, Claudette, Danny, Erika, Fred, Grace, Henri, Ida, Joaquin, Kate, Larry, Mindy, Nicholas, Odette, Peter, Rose, Sam, Teresa, Victor y Wanda.

restos del puente Biloxi-Ocean Springs después del paso del huracán Katrina

Estas fotos satelitales muestran imágenes anteriores y posteriores a la marea de tempestad que tuvo lugar después de que el huracán Ike azotara la tierra en 2008. El color rojo corresponde a la vegetación que se encuentra sobre el agua, y el color verde a la vegetación bajo el agua.

olas de marea de tempestad

Marea de tempestad

Los vientos fuertes no son el único problema durante un huracán. Además del viento, los huracanes cargan grandes cantidades de agua consigo. Esta agua puede ocasionar inundaciones generalizadas. Las inundaciones pueden destruir viviendas y dejar a miles de personas sin hogar.

Los huracanes se fortalecen con el agua. Al girar, los huracanes levantan el océano debajo. Esto crea un gran bulto de agua. Este cúmulo recibe el nombre de marea de tempestad. El huracán puede llevar esta acumulación de agua hacia la tierra. La marea de tempestad puede medir más de 13 metros (43 pies) de alto. ¡Eso es casi tan alto como un edificio de cuatro pisos!

A medida que el huracán se acerca a la costa, esta acumulación de agua eleva el nivel del mar. Además, los vientos crean olas gigantes. Toda esa agua no tiene otro lugar al que ir que no sea la tierra y fácilmente puede ocasionar una inundación terrible.

Los edificios bajos cercanos a la costa quedan cubiertos de agua. Los botes y otras cosas en el océano se empujan hacia la tierra, mientras el agua arrastra océano dentro de coches y algunas estructuras.

El agua creciente puede causar el desbordamiento de otros volúmenes de agua. Cuando eso sucede, todos los alrededores se inundan. Aun después de terminada la tormenta, le toma mucho tiempo **retroceder** al agua, la que deja muchos daños tras de sí. Pueden pasar muchos años hasta que las cosas regresen a la normalidad. A veces, nunca lo hacen.

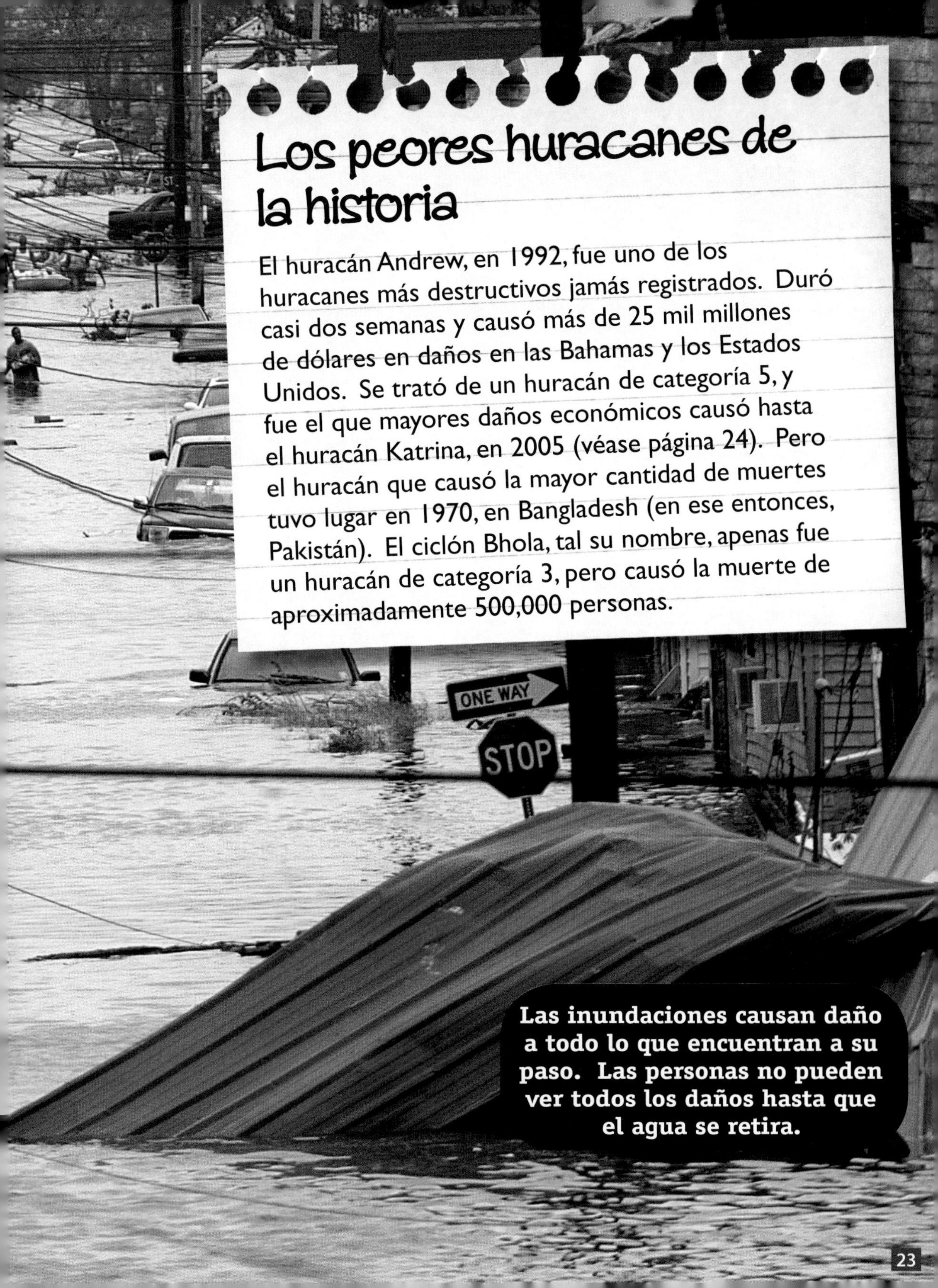

Los peores huracanes de la historia

El huracán Andrew, en 1992, fue uno de los huracanes más destructivos jamás registrados. Duró casi dos semanas y causó más de 25 mil millones de dólares en daños en las Bahamas y los Estados Unidos. Se trató de un huracán de categoría 5, y fue el que mayores daños económicos causó hasta el huracán Katrina, en 2005 (véase página 24). Pero el huracán que causó la mayor cantidad de muertes tuvo lugar en 1970, en Bangladesh (en ese entonces, Pakistán). El ciclón Bhola, tal su nombre, apenas fue un huracán de categoría 3, pero causó la muerte de aproximadamente 500,000 personas.

Las inundaciones causan daño a todo lo que encuentran a su paso. Las personas no pueden ver todos los daños hasta que el agua se retira.

El huracán Katrina en 2005 fue famoso en todo el mundo. Comenzó en las Bahamas y después cruzó a Florida, donde comenzó a debilitarse. Pero en el Golfo de México llegó a la categoría 5. Volvió a tocar tierra junto a la Costa del Golfo. La marea de tempestad que vino con él causó enormes inundaciones. Lo que fue aún peor, los **diques** alrededor de Nueva Orleans fallaron. Más del 80 por ciento de la ciudad y sus alrededores quedaron inundados. Murieron más de 1,800 personas. Los daños sufridos superaron los 81 billones de dólares.

Los científicos siempre advirtieron que una falla en los diques inundaría Nueva Orleans. Las personas esperaban que eso nunca ocurriera. Pero sucedió con el huracán Katrina.

Dique

Un dique es un montículo de tierra o de otro material de construcción que se erige junto a las márgenes de un río con el objetivo de evitar que las crecidas inunden la tierra.

Esta foto muestra al Cuerpo de Ingenieros del Ejército de los EE.UU. mientras intentan reparar una rotura en el dique después del paso de Katrina.

La tecnología de hoy

En el pasado, la única alerta de huracán que podían tener las personas era lo que podían ver con sus propios ojos. En la actualidad, las computadoras y los satélites ayudan a predecir los efectos de una tormenta en ciernes y también dónde caerá. También nos ayudan a saber cuán grande puede llegar a ser una marea de tempestad. Todo esto puede darles a las personas tiempo para prepararse y salir de la ruta del huracán.

Cazadores de huracanes

Los efectos de un huracán pueden ser terribles. Por eso, las personas quieren saber tanto como sea posible sobre ellos. De ese modo, pueden estar preparadas y mantenerse a salvo.

Los cazadores de huracanes son científicos que atraviesan tormentas en aviones especiales. Lo hacen para aprender sobre los huracanes. Estos científicos miden la temperatura y la presión del aire, así como la velocidad del viento y su dirección. Cuanto más saben sobre un huracán, más pueden decirle a las personas al respecto.

Los huracanes tardan algunos días en crecer, por lo que la gente sabe cuando se acercan. Pero un huracán puede cambiar de dirección en cualquier momento. Nunca se puede estar seguro de hacia dónde irá. Si crees que un huracán se dirige hacia ti, lo mejor es ponerse a cubierto o incluso abandonar la zona. ¡Sólo los cazadores de huracanes deberían estar afuera durante el temporal!

Los cazadores de huracanes ven la pared del ojo del huracán Katrina desde dentro de la cabina y por las ventanas del avión.

Laboratorio: Tornado embotellado

Para ver qué sucede cuando se forma un embudo dentro de un tornado o un huracán, haz este experimento. Observa cuidadosamente y toma algunas notas sobre lo que veas.

Materiales

- dos botellas plásticas
- cinta para ductos
- agua

Procedimiento:

1. Llena una de las botellas hasta la mitad o las tres cuartas partes con agua.
2. Coloca juntos los extremos abiertos de las botellas: ponlas cuello con cuello.
3. Asegura los dos cuellos de las botellas con la cinta para ductos. Envuélvelos en cinta de modo que la unión quede plana y pareja.
4. Dales vuelta a las botellas y agítalas en círculo, de manera que el agua gire a través de las aberturas y cree un remolino.
5. Observa lo que sucede. ¿Qué te dice eso sobre los tornados y los huracanes?

1

2

3

4

Glosario

circulación cerrada—área en la que hay vientos que soplan alrededor de un centro de baja presión. Al norte del Ecuador giran en sentido contrario a las agujas del reloj, y al sur del Ecuador, en sentido horario

clima—condiciones de la atmósfera

diques—terraplenes erigidos junto a las orillas de un río para evitar que la crecida inunde las tierras que lo rodean

Ecuador—círculo imaginario alrededor de la Tierra, equidistante de los polos Norte y Sur en toda su extensión

evapora—cuando un líquido se vuelve en gas o vapor

marea de tempestad—ola causada por un huracán que alcanza la costa y que a menudo tiene como resultado una gran inundación

nudo—millas náuticas por hora en el mar; un nudo equivale a alrededor de 1.85 kilómetros o 1.15 millas por hora

ojo—centro calmo de un huracán

pared del ojo—área violentamente ventosa de un huracán que rodea al ojo

precipitación—agua en el aire, en la forma de lluvia, nieve o granizo

retroceder—ir hacia atrás, como hace la marea.

rotación—acción de girar

temperatura—cuán frío o caliente está el aire

trópicos—regiones justo por encima o por debajo del Ecuador

viento—aire en movimiento

visibilidad—cuán lejos puede verse un objeto en el horizonte

Índice

Científicos de ayer y de hoy

<u>John Dalton</u>
(1766–1844)

A John Dalton se lo conoce más que nada por su estudio de los átomos, pero también estudió el clima. ¡Mantuvo un registro diario de los patrones meteorológicos de su pueblo desde 1787 hasta 1844! Llegó a utilizar equipos caseros para medir el clima. Muchos creen que el diario de Dalton contribuyó al surgimiento del estudio científico del clima que hoy se conoce como meteorología.

<u>Jim Cantore</u>
(1964–)

Jim Cantore es un meteorólogo del canal de televisión The Weather Channel. Estudia el clima desde que era un niño. ¡Los compañeros de escuela de Cantore solían llamarlo para pedirle que pronosticara el clima! En la actualidad, ofrece pronósticos del clima para personas en todas partes del mundo y contribuye a la seguridad de las personas al decirles cuándo y dónde azotará la próxima tormenta.

Créditos de las imágenes

Portada: Jim Edds/Photo Researchers, Inc.; p.1: Jim Edds/Photo Researchers, Inc.; p.4: Stephanie Reid; p.4-5: NASA; p.6: Stephanie Reid; p.6-7: Regien Paassen/Shutterstock; p.8-9: Stephanie Reid; p.8-9: basel101658/Shutterstock; p.9: Cartesia; p.11 (arriba): Peter Blottman/Shutterstock; p.10-11: Rick Nease; p.12 (arriba): NOAA; p.12 (abajo): Tim Bradley; p.12-13: NOAA; p.14 (arriba): Marta_Photo/Big Stock Photo; p.14 (abajo): forestpath/Shutterstock; p.14-15: Ramon Berk/Shutterstock; p.16-17 (arriba): Ferderic B/shutterstock; p.16-17 (centro): Eric Borkowski/Shutterstock; p.16-17 (abajo): Ramon Berk/Shutterstock; p.17: NASA; p.18-19: JustASC/Shutterstock; p.19: Sonja/Shutterstock; p.20 (arriba): NASA; p.20 (abajo): David Olsen/Alamy; p.21: Stephanie Reid; p.22: Tad Denson/Shutterstock; p.22-23: James Nielsen/ZUMA Press/Newscom; p.24: NASA; p.24-25: NOAA; p.25 (arriba): NOAA; p.26-27: Utah Images/NASA/Alamy; p.27: NOAA; p.28-29: Tim Bradley; p.32 (izquierda): Biblioteca del Congreso; p.32 (derecha): Cortesía de The Weather Channel, Inc.